NOTICE

SUR

FRANÇOIS-AUGUSTIN

DELAMBRE

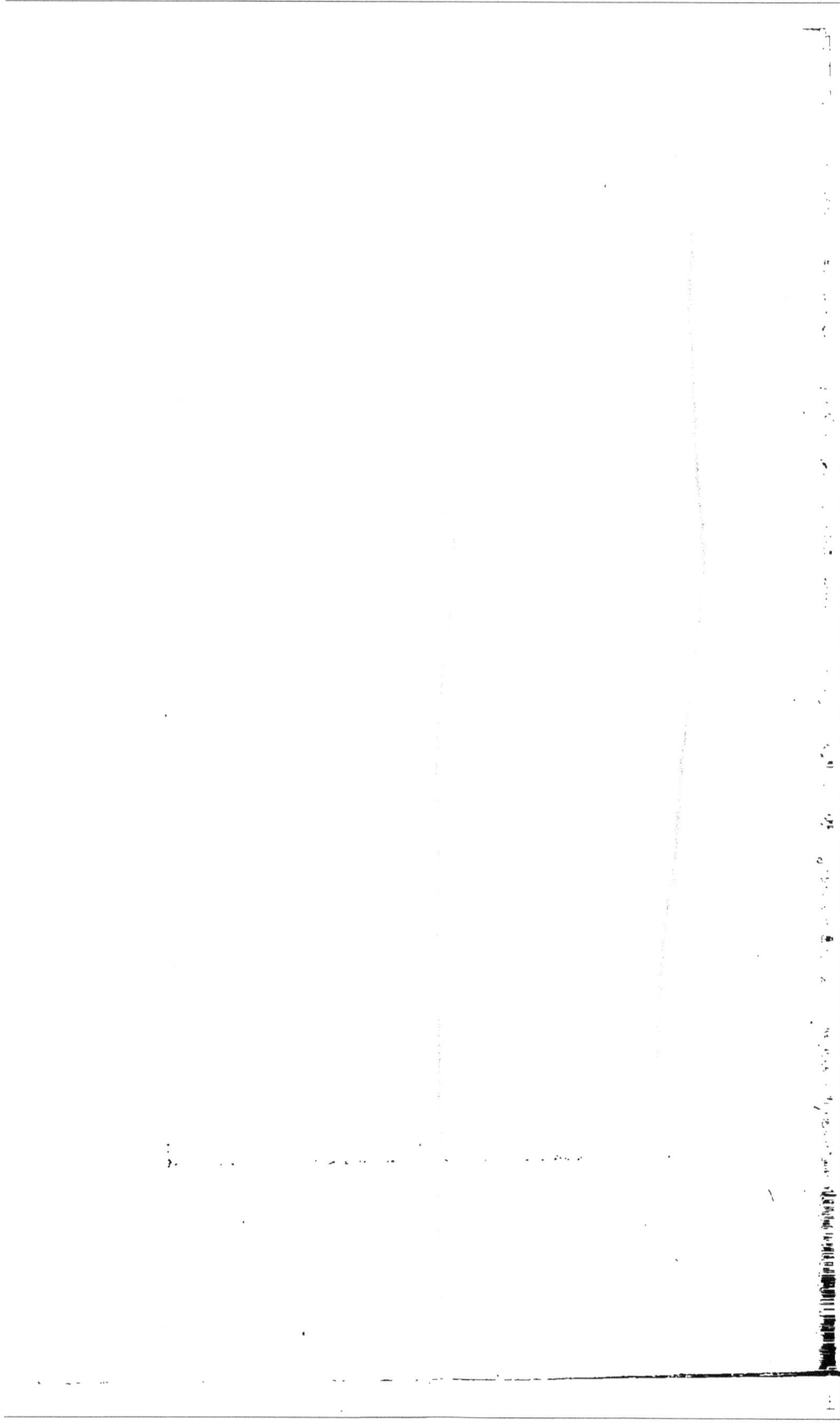

NOTICE

SUR

MGR F.-A. DELAMARE.

NOTICE

SUR

Mᴳᴿ FRANÇOIS-AUGUSTIN

DELAMARE

PAR

M. Léonce COUTURE

Rédacteur en chef de la *Revue de Gascogne.*

AUCH

IMPRIMERIE ET LITHOGRAPHIE DE FÉLIX FOIX.

—

1871.

En inscrivant mon nom en tête de cette notice sur Monseigneur Delamare, je tiens à ne pas me laisser attribuer sans réserve une œuvre dont la plus grande partie ne m'appartient pas. J'avais écrit, il y a plusieurs années, sous la dictée de M. l'abbé Villette, vicaire général du vénérable archevêque, un mémoire sur ce dernier, dont la présente notice est la reproduction fidèle. Je n'ai eu qu'à le compléter en ajoutant à la fin quelques détails, dont je sens bien l'insuffisance, sur les dernières années de Mgr Delamare, avec le récit de sa mort et de ses funérailles.

L. C.

I

François-Augustin Delamare naquit le
9 septembre 1800 à Valognes (Manche),
d'une famille profondément chrétienne,
qui l'éleva dans les principes de foi et
les habitudes religieuses dont sa vocation précoce fut le fruit. Sa mère surtout,
aussi intelligente que pieuse, surveilla
avec un soin particulier les premières
années de François-Augustin, et en tra-
vaillant à faire de son enfant ce qu'elle
le voulait avant tout, un bon chrétien, elle
prépara pour l'Eglise un saint prêtre et

un digne évêque. Sa tâche à la vérité n'était pas difficile. Doué d'un esprit pénétrant, d'une grande mémoire, d'une rare douceur de caractère et d'une piété pour ainsi dire naturelle, l'enfant secondait à merveille le dévouement de sa mère et préparait avec elle, sans les soupçonner, la réalisation des desseins de Dieu.

Les études classiques du jeune Delamare dépassèrent en succès tout ce qu'avait fait présager sa rare précocité. Il les commença dès l'âge de huit ans dans le collége de Valognes, et les y poursuivit jusqu'à la fin, avec une supériorité qui ne se démentit jamais; aussi son examen du baccalauréat fut-il des plus brillants.

De très bonne heure sa vocation était nettement arrêtée. Il entra au grand séminaire de Coutances immédiatement après l'achèvement de ses études classiques. Au séminaire comme au collége,

son intelligence et sa piété le firent également remarquer parmi tous ses condisciples. Il se livra surtout avec autant de
succès que d'ardeur à l'étude de la théologie; d'après le témoignage unanime
de ses maîtres, dont plusieurs étaient de
savants docteurs vieillis dans les travaux
de la science ecclésiastique, l'abbé Delamare était l'élève le plus accompli de la
maison.

Aussi, ses études théologiques achevées,
on ne le laissa que deux ans professeur
d'humanités et de mathématiques dans
un des petits séminaires du diocèse. Son
talent sûr et facile, et son goût spécial
pour la science divine, marquaient sa
place parmi ses maîtres. Dès l'âge de
vingt-un ans, M. Delamare occupait avec
la plus grande distinction une chaire de
théologie au grand séminaire de Coutances. Mais au grand regret de ses confrères et de ses élèves, il dut la quitter

trop tôt. Malgré la satisfaction que trouvaient dans cet emploi les goûts les plus chers du jeune ecclésiastique, sa santé était menacée. L'air très vif de Coutances et la régularité monotone et sévère d'un séminaire étaient contraires à son tempérament, et les médecins décidèrent qu'il devait demander le rétablissement de ses forces à un régime de repos et de liberté et surtout à l'influence de l'air de son pays natal. Le calme de la maison paternelle et les soins assidus et délicats de sa mère ne tardèrent pas en effet à raffermir sa santé.

A peine avait-il passé quelques mois dans sa famille, que le maire de sa ville natale, de concert avec les administrateurs du collége de Valognes, l'obligea, pour ainsi dire, d'accepter la chaire de philosophie de cet établissement. Le souvenir de ses premiers triomphes littéraires était encore très vivant à Valognes;

les promesses de ses débuts et les prévi-
sions des administrateurs ne furent pas
trompées. Professeur de philosophie, l'abbé Delamare se fit remarquer par les qualités sérieuses qu'il avait déjà déployées
dans l'enseignement de la théologie. Il
exposait et discutait toutes les questions
avec un ordre parfait, et une constante
clarté de parole. A cette précieuse lucidité
qui prévenait toute fatigue, se joignaient,
pour captiver ses jeunes auditeurs, l'expression naturelle de la plus sincère affection et le charme des relations les plus
faciles.

Son succès fut si éclatant qu'au bout
de quatre années seulement de profes-
sorat, le recteur de l'Académie de Caen,
ce vénérable abbé Jamet, si connu dans
toute la Normandie par la création d'un
établissement de bienfaisance, le plus
considérable de France peut-être, offrit
à M. Delamare la direction du collège

1*

de Valognes. Le suffrage de l'illustre
recteur avait été précédé des vœux unanimes des inspecteurs d'Académie, des
administrateurs civils et du principal lui-
même, qui demandait sa retraite. On
était en 1826, et M. Delamare avait vingt-
six ans à peine.

Sa présence et son enseignement avaient
déjà contribué à accroître la réputation et
l'importance du collége; mais sous sa
direction, cet établissement devint l'un
des plus fréquentés de tout le ressort de
l'Académie. Pour donner aux études plus
de force et de développement, et se met-
tre en mesure de soutenir avec honneur
la concurrence des colléges royaux eux-
mêmes, le nouveau principal augmenta
le nombre des maîtres et surveilla leur
enseignement avec une consciencieuse
sévérité, toujours acceptée sans peine,
parce qu'elle était gouvernée par la pru-
dence et tempérée par l'affection. Il voulut

du reste demeurer leur collègue en gardant la chaire de philosophie. C'était le meilleur moyen d'assurer la persévérance dans l'enseignement des saines doctrines, et d'entretenir dans l'esprit des élèves la foi et les principes catholiques, que tant de jeunes intelligences ont perdus au contact d'un professeur imprudent. M. Delamare eut encore par là le précieux avantage de diriger vers le sacerdoce bon nombre de jeunes gens qui fréquentaient son collège, et qui lui doivent en grande partie la position qu'ils occupent aujourd'hui dans l'Eglise.

Il resta quatre ans, de 1826 à 1830, principal du collège de Valognes, uniquement occupé de la direction de cet établissement et d'études classiques. Il avait pris le collège avec cent cinquante élèves, il le laissa avec plus de trois cents. Ce chiffre dit assez à quel degré le sage et habile administrateur avait acquis la confiance des élèves et de leurs familles.

La Révolution de Juillet, qui se présenta, comme on le sait, avec des symptômes inquiétants pour le clergé, trouva une foule d'ecclésiastiques attachés aux colléges de l'Université, surtout dans le ressort de l'académie de Caen. On demandait un serment que beaucoup de prêtres refusaient par suite de leurs convictions personnelles. Ceux du diocèse de Coutances qui étaient employés dans l'Université (on en comptait une soixantaine), n'osant prendre sur eux de contracter de nouveaux engagements, consultèrent Mgr Dupont, leur évêque. Ils ne demandaient pas une décision formelle, mais un conseil de conduite. L'évêque, après un sérieux examen, répondit par ces paroles dont l'intention était facile à saisir : *Licet, sed non expedit, præsertim viro ecclesiastico.* Pour l'abbé Delamare, ce conseil indirect de son évêque fut un

ordre. Il donna sa démission et aban-
donna avec de profonds regrets un collége pour lequel il avait fait d'immenses
sacrifices et qui lui devait sa prospérité.
Il lui fut surtout pénible de quitter cette
jeunesse aimée à laquelle il avait consacré
les premières années de sa vie sacerdotale,
et à laquelle il laissait, avec son affection,
le souvenir d'une bonté et d'un dévouement inappréciables.

L'abbé Delamare rentra donc dans la
vie privée, avec la considération qui devait s'attacher à un sacrifice d'autant plus
honorable qu'il contrariait ses goûts les
plus chers et semblait briser sa carrière.
Il n'accepta aucune fonction publique,
malgré les offres aussi pressantes qu'a-
vantageuses qui lui furent faites à plusieurs reprises. Sa santé, éprouvée de
nouveau, demandait du loisir et des soins.
Il garda donc quelque temps toute sa
liberté, en acceptant la gracieuse hospi-

talité d'une famille encore plus distinguée par les vertus chrétiennes que par l'éclat de la naissance, et à laquelle il rendit d'éminents services. Mais ce repos, salutaire au corps, ne fut pas moins utile à l'esprit du studieux ecclésiastique. M. Delamare s'occupa alors avec beaucoup de suite de deux études fort diverses, mais qui devaient l'une et l'autre trouver leur emploi dans l'avenir que lui réservait la Providence : il étudia avec soin les principes de notre législation, et se mit au courant des travaux, déjà si considérables, en Normandie surtout, de l'archéologie chrétienne. Il eut plus tard l'occasion de montrer sa rare intelligence des questions d'art chrétien dans un *Essai sur la véritable origine et sur les vicissitudes de la cathédrale de Coutances* (1 vol. in-4°; extrait des Mémoires de la Société des antiquaires de Normandie, xII° vol. 1840-1841), qui fut très remarqué de ceux

mêmes qui en attaquèrent le plus vivement les conclusions (1). M. l'abbé Delamare, à l'époque de cette publication,
était devenu vicaire général de Coutances.

(1) L'opinion de l'abbé Delamare sur la date de la
cathédrale de Coutances a été fortement combattue par
M. Vitet, dans sa belle monographie de *Notre-Dame de
Noyon* (ch. VII). M. Delamare avait adopté la thèse de
M. de. Gerville, savant antiquaire normand, dans l'inti-
mité duquel il vécut assez longtemps.

II

L'évêque de cette ville, Mgr Dupont,
l'un des prélats les plus distingués de
son temps, joignait à un esprit très fin et
très délié le don encore plus rare de se
connaître en hommes. Il avait apprécié le
mérite de l'abbé Delamare dès le temps où
il professait au grand séminaire, d'où il
l'avait vu partir avec regret. Il l'avait
suivi depuis lors d'un regard constam-
ment attentif, applaudissant à ses succès
avec cette réserve prudente dont il ne se
départait jamais, et qui ne permettait pas

de pénétrer ses intentions même les plus
arrêtées. Déjà parvenu à un âge avancé,
et entouré de conseillers éminents sans
doute, mais tous aussi âgés que lui, Mgr
Dupont sentit le besoin d'avoir près de lui
un administrateur plus jeune et plus valide. Il jeta les yeux sur l'abbé Delamare,
qui venait d'atteindre sa trente-quatrième
année, et le nomma son vicaire-général
titulaire au mois de juillet 1834. Cette
nomination fut accueillie dans tout le
diocèse avec la plus vive sympathie. De
toutes parts l'évêque reçut des félicitations
d'un si heureux choix, et les confrères
mêmes du jeune grand vicaire, qui avaient
été ses maîtres, apprécièrent plus que
personne le secours qu'ils pouvaient at-
tendre de ses talents bien connus, relevés
surtout à leurs yeux par la plus aimable
modestie.

Malheureusement le vénérable prélat ne
jouit pas longtemps des travaux de son

nouveau vicaire général. Il mourut un an après l'avoir nommé, plein de jours et de bonnes œuvres, pleuré par les prêtres et par les fidèles, qui l'avaient toujours entouré de leur respect et de leur amour. Pendant la vacance du siége, le chapitre nomma l'abbé Delamare vicaire capitulaire; ce vote unanime était la confirmation la plus éloquente du choix fait par l'évêque que le diocèse venait de perdre.

A Mgr Dupont succéda Mgr Robiou de la Tréhonnais, qui gouverna le diocèse de Coutances depuis 1836 jusqu'en 1852, et qui, en s'arrachant volontairement à cette époque à ses hautes fonctions, laissa la réputation d'une grande science théologique jointe à la plus haute piété et au plus scrupuleux esprit de justice. Un tel évêque ne pouvait méconnaître le mérite de l'abbé Delamare. Non-seulement il lui conféra de nouveau le titre de vicaire général, mais il voulut se l'attacher de la manière la plus étroite en le priant de venir habiter avec lui. Dans ces rapports intimes, le judicieux évêque ne tarda pas à comprendre que son vicaire général était lui-même mûr pour l'épiscopat. Il ne tint pas à Mgr Robiou que M. Delamare, quoiqu'à peine âgé de trente-huit ans, ne fût mis à la tête d'un diocèse. Mais ce dernier refusa une position qu'il jugeait seul au-dessus de ses forces, et rien ne put triompher de sa modestie. Il resta donc auprès de son évêque jusqu'au moment où Mgr Robiou crut devoir à son grand âge de se retirer de la vie publique, et de laisser à un évêque plus valide la charge pesante d'un des diocèses les plus considérables de France.

M. Delamare ne put voir sans un vif regret s'éloigner un prélat qui l'avait honoré de son amitié et de sa confiance, et dans l'intimité duquel il avait vécu dix-

sept années. Sa peine devait être tempérée
par la nomination à l'évêché de Coutances
de l'abbé Daniel, ancien recteur de l'Académie de Caen. M. Delamare n'était pas
un étranger pour Mgr Daniel. Ils avaient
été condisciples, et, bien qu'ils eussent
suivi depuis 1830 des voies très différentes,
leurs relations n'avaient jamais été in-
terrompues. Instruit de longue main des
rares qualités de son ancien condisciple et
des services qu'il avait rendus au diocèse sous l'administration de ses deux
prédécesseurs, Mgr Daniel n'eut rien de
plus empressé que de s'attacher M. Delamare à titre de vicaire général. Celui-ci
fut encore plus utile au nouvel évêque,
dont l'activité s'était déployée jusque-là
presque uniquement dans les travaux
universitaires, qu'il n'avait pu l'être aux
évêques précédents; et il mit d'autant
plus de zèle et dévouement à seconder
ce prélat, que l'opinion publique l'avait

désigné depuis longtemps comme successeur de Mgr Robiou.

L'un des premiers témoignages d'estime que voulut donner Mgr Daniel à son condisciple devenu son vicaire général, ce fut de le présenter pour la décoration de la Légion d'honneur. M. Delamare fut en effet nommé chevalier par décret du 2 avril 1855 (1). Cette distinction, qui récompensait les mérites du professeur, du principal de collége, du vicaire général et de l'archéologue, n'était que le prélude d'un titre bien plus considérable qui devait bientôt lui être conféré. Un décret impérial en date du 5 mars 1856 l'appela à l'évêché de Luçon. Mais avant de le suivre dans ses nouvelles fonctions, nous devons compléter le tableau des services qu'il rendit au diocèse de Coutances.

Ce n'est pas en effet l'administration

_____

(1) Mgr Delamare fut créé officier de la Légion-d'honneur par décret du 12 août 1865.

ecclésiastique seule qui lui donna l'occasion de déployer ses talents organisateurs
et son dévouement à l'Eglise. La reconnaissance publique inscrivit le nom de
l'abbé Delamare sur des fondations émi-
nemment utiles, qui se développèrent de
plus en plus sous son influence, et qui
immortaliseront dans son diocèse natal
le souvenir de sa charité et de sa merveil-
leuse aptitude au gouvernement des hommes et des choses.

Lorsqu'en 1834 M. Delamare fut appelé à Coutances pour y remplir les fonctions de vicaire général, il résidait à Caen
au sein d'une noble famille qui a été déjà
désignée plus haut. A cette époque, Mme
de Riou, née d'Aigneaux, l'abbé Jamet et
M. Delamare méditaient l'établissement
à Pont-l'Abbé, dans le diocèse de Coutances, d'une succursale de l'immense
maison du Bon-Sauveur de Caen, destinée à recueillir les aliénés et à élever les

enfants sourds-muets. Un instant l'abbé
Delamare craignit que les projets de son
évêque ne vinssent compromettre cette
fondation, et dans une lettre aussi fran-
che que respectueuse, il annonça l'intention de renoncer à la position si honorable
qui lui était offerte plutôt que de sacrifier
la création d'une œuvre qui devait être
un bienfait inappréciable pour tout le
pays. Mais Mgr Dupont jugea que les
nouvelles fonctions de M. Delamare, loin
de nuire aux projets de Mme de Riou, ne
pouvaient qu'en faciliter l'exécution, et
il lui conféra le titre de supérieur ecclésiastique et la direction morale d'une
œuvre qui, créée avec les ressources ma-
térielles et l'inépuisable charité de la noble
fondatrice, doit cependant en partie à Mgr
Delamare sa vie et son importance. Aujourd'hui cette maison, dirigée par près
de cinquante religieuses, a pris de tels
développements qu'elle est considérée

dans sa spécialité comme l'établissement le plus considérable de la Normandie après celui de Caen.

A peine la maison du Bon-Sauveur de Pont-l'Abbé était-elle fondée, que la vénérable supérieure des Sœurs des Ecoles chrétiennes de la Miséricorde, Julie Postel, qui connaissait personnellement M. Delamare, le demanda à Mgr Robiou pour supérieur de sa congrégation. Cette sainte femme dont la vie et la mort ont été si édifiantes, et dont le tombeau même est glorifié par des grâces si insignes qu'on a déjà songé à introduire en cour de Rome la cause de sa béatification, avait transporté depuis peu de temps sa petite société dans l'antique abbaye des Bénédictins de Saint-Sauveur-le-Vicomte. Il serait trop long de raconter les épreuves par lesquelles il avait plu à la divine Providence de faire passer les excellentes religieuses qui venaient enfin de s'abriter, comme dans un port de refuge, sous les ruines de ce vieux monastère. Dieu leur ouvrait cet asile pour les récompenser des sacrifices qu'elles s'étaient imposés dans les plus mauvais jours de la Révolution, en faveur des prêtres poursuivis, des malades et des pauvres abandonnés. Quelque abrégée que soit la notice écrite par M. Delamare lui-même sur la vie de Julie Postel et sur les épreuves de sa pieuse congrégation (1), on y entrevoit, malgré tout le soin employé par l'auteur pour dissimuler son action si utile et si persévérante, qu'il fut l'instrument choisi par la divine Providence pour organiser et consolider une société destinée à rendre de grands services. Les religieuses de la Miséricorde n'étaient qu'au nombre de vingt-cinq, en comptant les novices et les

(1) *Vie édifiante de la très honorée supérieure Marie Madeleine, née Julie Postel, institutrice des écoles chrétiennes de la Miséricorde.* 1 v. in-12 de viii-204 pages. Coutances, impr. Daireaux, 1852.

postulantes, lorsque leur nouveau supérieur arrêta leur organisation définitive,
en adjoignant à leurs constitutions, qui
sont celles du vénérable abbé de La Salle,
le service des hôpitaux et d'autres œuvres de charité. Ces choses se passaient
en 1837 et 1838, et vingt ans plus tard
la congrégation de la Miséricorde, sous la
direction de son habile et infatigable supérieur, avait pris un accroissement vrai-
ment merveilleux. Aujourd'hui elle est
établie dans une trentaine de diocèses
de France (outre plusieurs maisons en
Allemagne), compte plus de neuf cents religieuses et dirige à Paris quatre établissements importants, entr'autres un or-
phelinat où sont élevées près de six cents
jeunes filles. Reconnue par le gouvernement, cette congrégation a déjà été louée
et approuvée par le Souverain-Pontife.

Mais la communauté de Saint-Sauveur-
le-Vicomte, centre d'une œuvre qui gran-

dissait chaque jour, avait besoin d'une chapelle assortie à ce prodigieux accroissement. Pendant dix ans, elle s'était contentée de la moitié d'un bas-côté qui avait seul échappé, avec quelques débris fort intéressants, à la rage des démolisseurs de l'antique église des Bénédictins. Relever ce magnifique édifice, c'était un travail gigantesque, ruineux, impossible même aux yeux du plus grand nombre. M. Delamare l'entreprit avec courage dès l'année 1844, et douze ans suffirent à l'achever, grâce au dévouement des Religieuses qui voulurent y aider de leurs propres mains, à quelques subventions de l'Etat et aux secours de plusieurs personnes généreuses. Si l'architecture officielle avait fait exécuter ce grand travail, les frais auraient atteint, au jugement des hommes spéciaux, le chiffre de 600,000 fr. A un prix moindre sans doute, mais nécessairement fort élevé, le pays

avait retrouvé un de ses plus remarqua-
bles monuments. L'église de l'abbaye de
Saint-Sauveur-le-Vicomte, terminée en
1856, fut consacrée par Mgr Delamare
lui-même deux mois après son élévation
à l'épiscopat.

L'œuvre était à peine entrée dans cette
voie de progrès et de prospérité, que
l'abbé Delamare, touché depuis longtemps
de l'état d'abandon religieux où sont trop
souvent les jeunes garçons des campa-
gnes, songea à fonder une congrégation
qui fît pour eux ce qu'accomplissait pour
les jeunes filles la congrégation des Religieuses de la Miséricorde. Encouragé par
son évêque, il fonda, en 1842, l'Institut des
Frères de l'Instruction chrétienne de la
Miséricorde, qui a été reconnu par l'Etat.
Le généreux fondateur, qui avait une
prédilection marquée pour les demeures
monastiques, établit ses Frères dans la
vieille abbaye bénédictine de Montebourg.

Les épreuves, signe ordinaire des œuvres de Dieu, ne manquèrent pas à la nouvelle société. Mais le zèle prudent et habile du fondateur a triomphé successivement des plus grands obstacles; l'œuvre s'est répandue dans plusieurs diocèses, et elle comptait plus de cent religieux lorsque l'abbé Delamare fut appelé à l'épiscopat. Aujourd'hui elle se maintient et se développe de plus en plus, grâce à la protection toute spéciale dont l'honore le zèle éclairé de Mgr Bravard, évêque de Coutances.

III

Nommé, comme nous l'avons dit, à l'évêché de Luçon par décret impérial du 5 mars 1856, Mgr Delamare fut préconisé le 16 juin suivant et sacré à Reims, le 20 juillet, par S. E. Mgr Gousset. Deux jours après, il prenait possession de ce siége, qu'il a occupé jusqu'au 1er mai 1861. Il nous a semblé que pour faire apprécier la sage et utile administration de Mgr Delamare pendant les cinq années qu'il gouverna le diocèse de Luçon, nous n'avions qu'à transcrire un intéressant article

publié à l'occasion de sa translation à
l'archevêché d'Auch par les journaux de
la Vendée, et qui fut reproduit par plusieurs grands journaux de la capitale.
Nous ne saurions mieux exprimer ni l'estime universelle que s'était acquise le
vénérable évêque, ni les regrets que causa
son départ.

« La nomination de Mgr Delamare à l'archevêché d'Auch, tout en honorant le diocèse
et la ville de Luçon, a jeté parmi nous un deuil
que nous n'exprimerons jamais aussi vivement
qu'il a été senti. Les regrets profonds et uni-
versels que laisse après lui notre vénéré prélat
montrent combien il mérite d'occuper dans
l'église une nouvelle et plus importante di-
gnité. Mais si nous félicitons le diocèse d'Auch
d'avoir un archevêque si remarquable, nous
ne pouvons nous empêcher de porter envie à
son bonheur, en le voyant nous enlever un
prélat qui unit toutes les vertus épiscopales
aux plus précieuses qualités du cœur.

» Depuis son arrivée au mois de juillet 1856
jusqu'à ce jour, dans son administration si

douce et si paternelle, il a montré une expé-
rience consommée : ce coup d'œil qui juge,
avec autant de sûreté que de promptitude, les
hommes et les choses, la science pratique des
affaires, la fermeté sur les principes, la modération dans les rapports habituels, les larges
vues d'ensemble; en un mot, tout ce qui cons-
titue le parfait administrateur, il a prouvé qu'il
le possède à un rare degré.

» A ces qualités si utiles de l'homme public,
il joint à un degré bien plus éminent encore
toutes les vertus qui font l'évêque pieux, savant et zélé. Il était pour nous ce pasteur vi-
gilant auprès duquel prêtres et fidèles trouvaient la lumière qui éclaire, la force qui sou-
tient, la sagesse qui dirige, et les consolations qui adoucissent les douleurs les plus
amères.

» Les limites d'un article de journal ne
nous permettent pas de parler comme nous le
voudrions de sa piété filiale, de son inaltérable
affection pour le Souverain Pontife. Tous les
actes de son épiscopat sont des monuments
qui attestent son dévouement sans bornes à
la cause de l'immortel Pie IX dont il ne parlait
jamais, surtout dans ces derniers temps, sans

être visiblement ému. Aussi quelle consolation n'a-t-il pas goûtée quand naguère il a pu annoncer que la générosité de ses diocésains lui avait permis de déposer aux pieds du vicaire de Jésus-Christ une offrande dont le chiffre élevé était la manifestation la plus touchante de leur foi !

» Que dire de son affabilité et de sa bonté? C'est là ce qui lui a ouvert le chemin de tant de cœurs qui lui sont à jamais dévoués. On était heureux de le voir, soit dans son palais, où il recevait ses prêtres comme un père reçoit ses enfants et où il avait pour tous un accueil si sympathique et si cordial; soit dans les rues de notre cité, où, comme le divin Maître, il s'arrêtait à chaque instant pour bénir les petits enfants qui, encouragés par tant de bonté, se pressaient autour de lui, avec la naïve confiance de leur âge. Dans ses relations, rien qui sentît la gêne et la contrainte; on se trouvait à l'aise, tant il y mettait de condescendance et de bonne grâce. Cette affection universelle qu'il s'était attirée, il la tournait au profit de son ministère, en y cherchant l'occasion de faire tomber quelques préjugés, ou de glisser quelques avis qui souvent ont porté

leurs fruits. Il savait que les hommes sont
surtout accessibles à la bonté, et que si l'on
peut se roidir contre les raisonnements d'un
esprit qui nous combat, on ne tient pas contre la charité d'un cœur qui nous aime. Il a
réalisé cette belle parole de Fénelon à un évêque de son temps : « Soyez père; ce n'est pas
assez, soyez mère. »

» Nous ne pouvons passer sous silence sa
préoccupation constante pour les intérêts de
notre cité : commerce, industrie, bureau de
bienfaisance, associations de charité, trouvè-
rent auprès de lui un concours toujours utile
et persévérant. Les magnifiques orgues qui
méritèrent le grand prix à l'exposition universelle, placées dans notre cathédrale; le palais
épiscopal, dont l'intelligente restauration fait
aujourd'hui l'un des plus beaux monuments
des provinces de l'Ouest; l'ouverture d'un
collége de plein exercice, bâti par son vénérable prédécesseur, et dans lequel, pour son
organisation, il a été dépensé par ses soins et
au grand avantage des fournisseurs et des
ouvriers du pays, plus de cent vingt mille
francs; ces œuvres dues à sa sollicitude et
qui n'étaient que le prélude des grandes entre-

prises qu'il méditait pour la restauration de la cathédrale et la reconstruction du séminaire, perpétueront sa mémoire parmi nous.

» Vénéré prélat, vous n'avez pas fait des ingrats. Vous en avez pour garant ces regrets dont l'expression publique vous a si vivement touché, cette tristesse partagée par toutes les classes de la société, ce concours empressé de prêtres, de laïques, de bons ouvriers qui auraient voulu vous voir encore une fois, si les embarras inséparables d'un départ l'avaient permis. — Puisse ce témoignage spontané de l'affection et du respect que méritent vos vertus, ne jamais s'effacer de votre souvenir, et vous donner la bonne inspiration de revenir un jour visiter ceux qui vous ont si bien apprécié! Nous n'avons plus qu'un vœu à former, et nous ne doutons pas qu'il ne s'accomplisse : c'est que vous trouviez dans le nouveau diocèse que vous consolerez de la perte si regrettable de son illustre archevêque, des cœurs qui vous aiment aussi tendrement. »

Tout ce que dit l'auteur de cet article à l'adresse de l'évêque de Luçon, il faudrait

le répéter de l'archevêque d'Auch. Les
prêtres et les fidèles de ce diocèse apprécièrent bien vite la haute intelligence, la
charité pastorale, le zèle prudent et dé-
voué, le désintéressement, les manières
affables de leur archevêque. Il semblait
que son activité trouverait peu à faire dans
un diocèse gouverné avant lui par deux
prélats également éminents à des titres
divers, Mgr de la Croix d'Azolette et Mgr
de Salinis, qui l'avaient enrichi d'une foule
d'œuvres religieuses. Leur successeur,
en les conservant toutes, a su leur donner
de nouveaux développements et en créer
encore de nouvelles.

Les grands travaux entrepris par Mgr
de Salinis pour l'embellissement de la
cathédrale d'Auch s'achevèrent par le dé-
gagement extérieur du chevet de ce magnifique édifice.

Les établissements ecclésiastiques d'é-
ducation furent particulièrement soute-

nus ; et l'un d'eux, le collége d'Eauze,
s'agrandit de près du double par l'inces-
sante activité de Mgr Delamare et reçut
le titre officiel de Petit Séminaire. Sous
son impulsion infatigable et industrieuse,
la chapelle du Petit Séminaire d'Auch,
plusieurs fois reprise et abandonnée depuis vingt ans, a été achevée, et ornée
avec magnificence, et elle a reçu au mois
de mai 1866 la bénédiction du premier
pasteur. Nous ne pouvons mieux faire
comprendre l'importance de cette œuvre,
accomplie en cinq années, qu'en citant
le chiffre des dépenses, qui s'élève à la
somme de cent vingt-huit mille francs.

L'œuvre si utile des missionnaires diocésains a reçu de Mgr Delamare un
surcroit de vie et des gages plus sûrs
d'avenir par la réception de nouveaux
membres et la création de constitutions
nouvelles. Les sœurs de la Miséricorde,
introduites par leur ancien supérieur dans

son nouveau diocèse, y ont deux maisons qui semblent appelées à rendre de grands services. Le pèlerinage de Notre-Dame de Cahusac, desservi par la société des missionnaires diocésains, a pris lui-même de grands développements. La restauration complète de l'antique chapelle a dépassé le chiffre de trente mille francs, et le nouveau couvent occupé par les religieuses de la Miséricorde auprès de cette chapelle, en a coûté plus de cinquante mille.

La congrégation des frères enseignants établie dans le diocèse d'Auch a été l'objet de la plus grande sollicitude du vénérable archevêque. Développée et embellie par ses soins, leur maison centrale est devenue dans sa spécialité l'un des établissements les plus intéressants du pays.

Enfin deux ordres religieux, les Bénédictins Olivétains et les Prémontrés, se

sont établis dans le diocèse d'Auch sous
les auspices de Mgr Delamare et donnent
déjà des gages sérieux d'avenir.

Nous n'essaierons pas de joindre à ce
tableau très incomplet des œuvres exté-
rieures l'appréciation de l'influence morale du vénéré prélat. Il suffira d'indiquer
les encouragements qu'il a donnés au dévouement de ses prêtres et de ses fidèles
pour le Souverain Pontife, auquel il alla
porter les vœux de son diocèse dans la fête
mémorable de la canonisation des saints
martyrs du Japon. Dans une circonstance
encore plus solennelle, l'arrêt de son mé-
decin lui interdit de se joindre aux Pères
du Concile œcuménique du Vatican; mais
ce lui fut une précieuse occasion d'exprimer d'abord son inaltérable dévouement au Saint-Siège, et depuis son entière et cordiale adhésion à la majorité
de ses confrères, pour la définition de
la plus haute prérogative du successeur

de saint Pierre. Enfin le dernier acte de
sa vie épiscopale a été une lettre adres-
sée à l'Assemblée nationale en faveur des
droits méconnus du Souverain Pontife. —
Il faut noter encore l'impulsion donnée
aux vocations ecclésiastiques par la création des bourses cantonales (une ou deux
par canton), qui, sans grever le mince
budget du clergé paroissial, parent aux
frais de l'éducation classique des enfants
peu fortunés qui aspirent au sacerdoce.
C'est par cette œuvre surtout que Mgr
Delamare s'est acquis à jamais les titres
les plus précieux à la reconnaissance des
catholiques du diocèse d'Auch.

IV

La santé de Mgr Delamare, encore florissante lors de son arrivée à Auch, subit depuis quelques atteintes assez graves; chaque année une ou deux crises sérieuses alarmaient l'affection de ses diocésains. Enfin, depuis deux ans, sa vigueur et son activité avaient fait place à un affaissement habituel qui, sans altérer sa cordiale bonhomie, son humeur égale, son bienveillant sourire, lui interdirent les visites pastorales et presque toutes les fonctions solennelles de sa charge. Il

4

avait invité, pour le suppléer dans la
dernière ordination, Mgr d'Outremont,
récemment promu au siége d'Agen. Quand
le nouveau prélat vint lui offrir ses hom-
mages, il le trouva dans un état de souf-
france et de prostration déjà très grave.
Au reste, le digne archevêque ne se fai-
sait aucune illusion sur l'issue de sa
maladie. Aussi, de lui-même et dès la
première entrevue, eut-il hâte de demander à son noble et sympathique collègue
les secours de la religion.

Les derniers sacrements administrés par
une main épiscopale affermirent dans la
paix de Dieu cette âme si proche de l'éter-
nité. Les vives souffrances du mourant
n'ôtaient rien au calme et à la grâce de sa
parole et de son regard. Tous ses hôtes
lui prodiguèrent, dans ces longs et péni-
bles jours, les soins les plus affectueux.
Entre tous les autres, l'excellent prêtre
associé dès longtemps à sa vie pastorale,

l'homme qui avait été de moitié dans
toutes ses pensées et aussi dans la confiance et dans l'affection de ses prêtres
et de ses fidèles, M. l'abbé Villette, l'as-
sistait avec un soin filial dans ces heures
douloureuses. Il recevait encore avec une
vive consolation les visites et les secours
intelligents et dévoués de la directrice des
religieuses de la Miséricorde, attachées au
petit séminaire d'Auch. Sœur Alphonsine
représentait au lit de mort du saint archevêque une famille spirituelle qui avait eu
tant de part à son affection et à ses travaux! Enfin sa sœur, sa nièce, son neveu
le jeune abbé Delamare, qui ne quitta
presque plus son chevet, arrivèrent à
temps pour échanger avec lui un suprême et consolant adieu.

Mais les consolations divines furent le
baume le plus puissant de ses douleurs.
Tant qu'il fut en possession de ses fa-
cultés, on le vit prier avec sa foi, sa sim-

plicité, sa ferveur ordinaires. La grâce de
Dieu et la protection de la sainte Vierge,
si souvent invoquées par sa piété filiale,
étaient sensibles dans l'édifiante tran-
quillité de ses derniers jours. L'archiprêtre de Sainte-Marie, qui avait récité sur
lui les prières des agonisants, l'attestait
dans son éloge funèbre, en rappelant l'ar-
dent amour avec lequel l'auguste mourant baisait le crucifix et plusieurs fois
l'arracha des mains qui le lui présen-
taient, « pour le presser plus librement
sur ses lèvres et sur son cœur. »

La dernière agonie se prolongea, peut-
on dire, deux jours entiers, dans une
prostration presque absolue, interrompue
seulement par des accès de cruelle souf-
france. Cependant la veille même de la
mort, il y eut quelques retours de lucidité.
Dans un de ces moments précieux, sur
la demande d'un de ses vicaires généraux, l'archevêque bénit tour à tour,

avec un regard et un geste encore libres,
la mère générale des sœurs de la Miséricorde et toutes les religieuses de cet ordre, ses prêtres bien-aimés et tous les
fidèles de son diocèse, sa propre sœur
qui était là tout en larmes et les autres
membres de sa famille, enfin tous les assistants qui pleuraient et priaient en re-
cevant ce dernier témoignage de paternelle affection. Le lendemain 26 juillet,
fête de sainte Anne, mère de la Vierge
Marie, à 4 heures et demie du matin,
Mgr Delamare rendait son âme à Dieu.
Instruit de sa maladie, S. S. Pie IX venait
de lui envoyer sa bénédiction souveraine.
Pendant près de huit jours, prêtres et
fidèles se succédèrent sans interruption
pour prier dans la chambre funéraire.

Cette mort fut le signal d'un concert
de regrets et d'éloges que nul accent hos-
tile n'a troublé. On avait toujours rendu
justice à la parfaite bienveillance, aux

vues sages, à la modération, à la vive
charité du vénérable archevêque. Ceux
qui l'avaient vu de plus près disaient qu'il
n'était pas encore assez connu et que l'avenir ferait apprécier de plus en plus ses
vertus éminentes. Echo des sentiments
unanimes du clergé, le chapitre métropolitain, dans le mandement qui annon-
çait au diocèse la mort du premier pasteur, vantait « cet homme si bon, si doux,
si bienveillant, si affable, si riche de tous
les dons du cœur et de l'esprit...; ce pontife si digne, si généreux, si hospitalier,
et que saint Paul semblait avoir devant
les yeux, dans son épître à Timothée, en
traçant le portrait du véritable évêque. »
La plume sacerdotale qui a payé à l'auguste défunt le premier tribut des regrets
de la ville et du diocèse d'Auch traçait
de son côté ce portrait, dont nul ne
contestera la ressemblance :

C'était une nature à la vieille marque, com-

me on disait au XVIᵉ siècle. Son caractère était
simple, loyal, élevé, son âme antique, et cette
âme et ce caractère se réfléchissaient dans tout
son extérieur, dans la douce sérénité de son
regard, aussi bien que sur son visage fran-
chement épanoui. Notre vénéré archevêque
apportait d'ailleurs dans le maniement des affaires ce mélange de suavité d'action et de fermeté inébranlable sur les principes, qui com-
mande toutes les sympathies.

Mais la qualité maîtresse de Mgr Delamare,
celle qui resplendissait entre toutes les autres,
c'était la bonté. Il n'est personne aujourd'hui
dans la ville archiépiscopale qui n'entende parler de sa charité, prodigue en tout temps cer-
tes, mais plus particulièrement durant les
mois si désastreux que nous venons de tra-
verser. Que de pauvres, en effet, que de
malheureux, que de familles en détresse ont
subsisté cet hiver par l'immense profusion
de ses aumônes ! Et combien d'actes de chrétienne générosité connus seulement de ceux
qui en furent l'objet et de Dieu !... Toujours
agissante pendant la vie de l'auguste pontife,
son évangélique bonté ne se démentit pas un
instant les derniers jours qu'il a passés sur la

terre. Les séminaires pourraient au besoin en
rendre témoignage et les pauvres d'Auch aussi,
car, même sur son lit de mort, notre saint
archevêque voulut une dernière fois encore
laisser se répandre autour de lui son inépuisable charité (1).

Il n'y a pas, dans les pages publiées à
l'occasion de la mort du pieux et bon
archevêque, un seul mot sur les contra-
dictions et les ennuis qu'il put rencontrer
dans ces derniers temps, où tant de causes
ont troublé certains esprits. L'oubli s'est
fait sur ces erreurs d'un moment, et nous
n'y faisons cette allusion fugitive que pour
citer une noble et solennelle protestation
du premier magistrat du département à
ce sujet :

Je sais sa vie, — disait M. G. Du Gabé,
préfet du Gers, nouveau venu dans le pays,—
par ses œuvres, par sa mort, par les souve-
nirs qu'il laisse dans cette ville, témoin de son
dévouement au bien, de sa respectable charité,

(1) Article nécrologique publié par M. l'abbé P. Lar-
roque dans le *Conservateur* du 3 août 1871.

et je connais ainsi la perte immense que nous faisons tous. Il a traversé des temps difficiles, fidèle à lui-même et à sa foi, dédaignant des attaques qui n'atteignaient que leurs auteurs, témoignant de leur injustice en s'oubliant sans cesse pour songer aux autres, et abandonnant aux pauvres le soin de défendre, par leurs larmes, une religion pour laquelle il avait vécu et à laquelle il laisse encore le témoignage de sa mort (1).

Nous ne voulons pas donner de longs détails sur les honneurs rendus, le mardi 1er août, à sa dépouille mortelle. Ecoles, armée, magistrature, membres du clergé, accourus de tout le diocèse, formaient un long et majestueux convoi. Une foule immense et recueillie bordait les rues que parcourut le corps de l'archevêque, porté sur les épaules de ses prêtres. Mgr Desprez, archevêque de Toulouse, présidait la cérémonie, assisté des trois évêques d'Aire, de Tarbes et d'Agen. Le neveu

(1) **Discours de M. le Préfet du Gers** à la distribution des prix du Lycée d'Auch, dans le *Gers* du 8 août 1871.

de l'auguste défunt, ses trois vicaires généraux et le secrétaire général de l'archevêché, un vicaire général et un chanoine titulaire de Luçon, venus exprès à Auch, menaient le deuil. La cathédrale était tendue de draperies noires aux armes de Mgr Delamare. Après la messe pontificale, pendant laquelle des chants funèbres furent admirablement exécutés, M. l'abbé Barciet, chanoine-archiprêtre, prononça l'éloge de l'archevêque, au milieu d'un auditoire attentif et sympathique. La première partie de ce discours fut un résumé de la vie de l'abbé Delamare, d'après la notice communiquée à l'orateur par M. l'abbé Villette. Mais sur les vertus épiscopales et la mort de son vénéré pasteur, M. l'abbé Barciet trouva des accents profondément émus. Il nous permettra de citer ici un fragment de son discours, qui sera du reste un complément utile de la biographie de Mgr Delamare :

..... Le s monuments que nous avons fait passer sous vos yeux, vous les connaissiez, mes frères. Voici le plus beau, le plus magnifique, le plus digne d'un évêque, précieux monument que la mort nous révèle : c'est le testament du saint archevêque. Cet acte suprême, nous pourrions en appeler à l'éminent magistrat qui l'a revêtu de la sanction légale; cet acte prouve avec évidence que Mgr Delamare a poussé le désintéressement jusqu'à l'héroïsme : il meurt dans une pauvreté à peu près complète. Oui! l'homme, le prêtre, le pontife qui a été pendant près d'un demi-siècle l'instrument des œuvres les plus belles, des créations les plus riches, le dépositaire des libéralités les plus abondantes; cet homme qui a répandu à flots sur des œuvres innombrables les immenses trésors de la charité, cet homme meurt pauvre... Je me trompe, mes frères, il meurt riche de vertus et de mérites, il nous lègue, avec l'admirable exemple de son désintéressement, une éloquente réfutation de ces accusations mensongères par lesquelles on cherche à égarer les populations, à les exciter contre la religion et ses ministres.

Il n'y a qu'une foi vive, qu'une piété ar-

dent, à qui il soit donné d'inspirer l'héroïsme
de la charité : cette foi, cette piété étaient dans
le cœur du vénéré pontife, nous en avons la
preuve irrécusable dans ses dispositions dernières; permettez-nous de vous les rappeler
dans toute leur simplicité : « Je veux, dit-il,
avec l'aide de Dieu, persévérer jusqu'au dernier soupir de ma vie dans la foi catholique,
apostolique et romaine; dans la soumission
la plus entière au Saint-Siége; dans mon
dévouement sans bornes au souverain Pontife
Pie IX.

» Je réclame pour mes derniers moments la
miséricorde de Jésus-Christ, la protection de
la Très Sainte Vierge, ma tendre mère, et
l'assistance de saint Michel.

» Je pardonne sincèrement et de bon cœur
à ceux qui se seraient faits mes ennemis. Je
demande humblement pardon à tous ceux qui
auraient pu avoir à se plaindre de moi. »

Après le discours de M. l'archiprêtre
de Sainte-Marie, cinq absoutes furent faites par les trois évêques assistants, par
M. l'abbé Pellefigue, doyen du chapitre
métropolitain, et par l'archevêque offi-

ciant. Le cortège funèbre conduisit ensuite le corps du prélat défunt vers sa dernière demeure, dans la crypte qui s'étend sous le chevet de l'antique métropole. C'est là qu'il attend la résurrection des morts, tout près du tombeau de saint Léothade, l'un de ses prédécesseurs sur le siège d'Auch.

SOMMAIRE.

133

www.ingramcontent.com/pod-product-compliance
Lightning Source LLC
LaVergne TN
LVHW022026080426

835513LV00009B/887